16 Avril 1891.

V

COLLECTION

DE FEU

M. DUPONT-AUBERVILLE

CINQUIÈME VENTE

Le Jeudi 16 Avril 1891

HOTEL DROUOT, SALLE N° 2

DENTELLES

EXPOSITION PUBLIQUE

LE MERCREDI 15 AVRIL 1891

De 1 heure 1/2 à 5 heures 1/2

Mᵉ P. CHEVALLIER	M. CH. MANNHEIM
COMMISSAIRE-PRISEUR	EXPERT
10, rue de la Grange-Batelière, 10	7, rue Saint-Georges, 7.

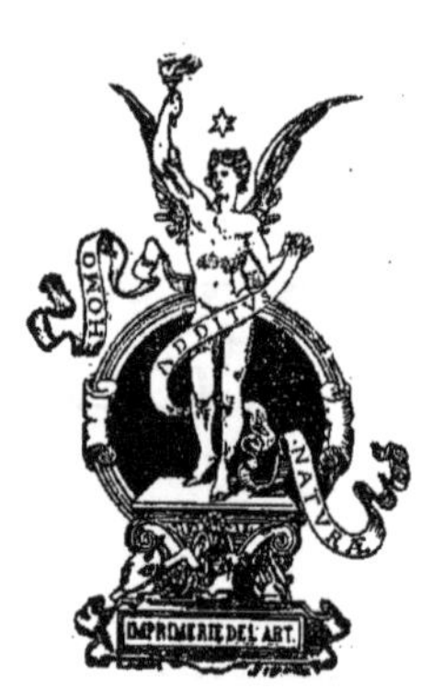

[illegible]

[illegible]

[illegible]

[illegible]

[illegible]

[illegible]

[illegible]

[illegible]

[illegible]

[illegible]

CATALOGUE

DES

DENTELLES

ANCIENNES

Broderies sur toile et sur filet, Points coupés et à fils tirés
du XVe au XVIIe siècle

GUIPURES DE VENISE ET D'ESPAGNE

DES XVIe ET XVIIe SIÈCLES

ALENÇON, ARGENTAN, BURANO

Angleterre, Malines, Bruxelles, Valenciennes, Lille, etc.

Patrons de dentelles

DE LA

COLLECTION DE FEU M. DUPONT-AUBERVILLE

ET DONT LA VENTE AURA LIEU

HOTEL DROUOT, SALLE N° 2

Le Jeudi 16 Avril 1891

à 2 heures après midi, et le soir à 8 heures.

Me Paul CHEVALLIER	M. Charles MANNHEIM
COMMISSAIRE-PRISEUR	EXPERT
10, rue de la Grange-Batelière, 10	7, rue Saint-Georges, 7

EXPOSITION PUBLIQUE

Le Mercredi 15 Avril 1891, de 1 heure 1/2 à 5 heures 1/2

CONDITIONS DE LA VENTE

Elle sera faite *expressément* au comptant.

Les Acquéreurs payeront CINQ POUR CENT en sus des adjudications, applicables aux frais de la vente.

L'exposition mettant le public à même de se rendre compte de l'état des objets, il ne sera admis aucune réclamation une fois l'adjudication prononcée.

AVIS

Presque chaque numéro du présent Catalogue comprend plusieurs pièces de dentelles. Lorsqu'on le jugera convenable, ou suivant les demandes qui en seront faites, ces pièces seront divisées; de même que plusieurs numéros pourront être réunis et vendus en seul lot.

Paris. — Imp. de l'Art. E. MÉNARD et Cie, 41, rue de la Victoire

Il serait superflu de recommander la collection de dentelles qui sera mise en vente le jeudi 16 avril 1891 ; elle est suffisamment connue. D'une inépuisable obligeance, M. Dupont-Auberville l'avait gracieusement prêtée aux organisateurs de diverses expositions, à Alençon, à Londres, etc., et aussi à l'une des sections de l'Histoire du Travail, au Champ de Mars, en 1889. Elle renferme quelques pièces de haute valeur ; mais elle offre surtout un intérêt considérable en ce qu'elle retrace, de la façon la plus complète, l'histoire de la dentelle, depuis ses origines jusqu'à nos jours. C'est un véritable musée, tout prêt et savamment coordonné, qui se compose d'un grand nombre de pièces assemblées et classées par genre et par époque.

La valeur d'une telle collection, qui a coûté tant d'efforts, de soins persévérants et de constantes recherches, se décuple de son ensemble même. Et, pour éviter une regrettable dispersion, on la proposera aux enchères publiques, en un seul lot, sur une mise à prix de quarante mille francs.

Au cas où le prix demandé ne serait pas couvert, on procéderait à la vente détaillée, comme à l'ordinaire.

DÉSIGNATION DES OBJETS

BRODERIES SUR TOILE ET SUR FILET

POINTS COUPÉS ET A FILS TIRÉS

1 — Carte sur laquelle sont fixés plusieurs spécimens de tissus antiques que l'on suppose antérieurs à l'ère chrétienne, tels que fragments d'écharpes et de coiffures égyptiennes au point à fils tirés, etc.

2 — Très curieux et grand fragment composé de rosaces exécutées en travail de broderie, à parties pleines et parties ajourées, rattachées par des mailles de filet rayonnantes. Italie. fin du xve siècle.

3 — Dessus de coussin formé d'écoinçons de toile cousus sur un fond de filet à rosaces et ornements, genre mosaïque, brodés en reprise. Italie, xve siècle.

4 — Trois pièces : une large bande et un entredeux, à dessins brodés en blanc sur réseuil ton rouille et une bande de toile composée de carrés de toile brodée d'étoiles en fil écru et de carrés à fils tirés. Italie. xve siècle.

5 — Grande nappe de toile fine, échiquetée de carrés unis et de carrés à fils tirés. écus, oiseaux, cavaliers, châteaux forts, oiseaux, fleurs en réserve sur fond réticulé couleur rouille. L'un des carrés porte la date 1510.

6 — Nappe d'autel de toile à dessins brodés en fils jaunes au passé, avec petits carrés de rosaces à jour. Italie. xve siècle. Elle est bordée d'un passement dentelé, blanc et jaune.

7 — Nappe de toile, décorée de carrés, de bandes d'entredeux et d'encadrement à dessin en réserve sur champ de quadrillés à fils tirés, et brodés en couleurs. Italie. xve siècle.

8 — Quatre pièces : très beau petit coussin de toile d'un précieux travail de broderie à reliefs, offrant des dragons, des figures, des animaux chimériques, des vases de fleurs inscrits dans des losanges ; il est entouré de petits glands. Italie. xvie siècle. Un carré à rosaces en broderie, point coupé et fils tirés. Deux spécimens de guipure.

9 — Trois rectangles pour coussins, de broderie sur toile au point coupé, d'un beau travail et à dessin de branchages, de feuilles gothiques, de glands, etc. Italie. xve siècle.

10 — Napperon de toile, point à fils tirés, à dessin d'octogones et d'entrelacs épargnés sur fond de quadrillés à jour. xvie siècle.

11 — Napperon composé de compartiments de toile couverts de fines broderies et de compartiments à rosaces, exécutés à fils tirés. Italie. xvie siècle.

12 — Petit napperon de fine toile brodée et à fils tirés, à rosaces, carrés et croix d'une délicate ornementation. Italie. Milieu du xvie siècle.

13 — Bonnet pointu et bonnet rond d'une riche ornementation en broderies sur toile.

14 — Quatre pièces : belles broderies sur toile, devant de corsage, pelotes, etc. xvie siècle.

15 — Carte contenant quinze pièces : bandes, manchettes, entredeux, carrés de broderies sur toile par le procédé du travail à fils tirés. Milieu du xvie siècle.

16 — Trois belles bandes, point de broderie sur toile à fils tirés : vases de fleurs, rosaces et entrelacs rectilignes à jour. Commencement du xvie siècle.

17 — Couvre-lit composé de carrés et d'une large bordure à dents, exécuté au travail réticellé ou à point de reprise sur filet. L'ornementation consiste en scènes de chasse, animaux, chimères, figures mythologiques et allégoriques, vases de fleurs, etc. Cette pièce porte dans la bordure le nom de Suzanne Lescalay et la date 1594 ; elle a été exécutée d'après le livre des dessins de dentelle publié par Vinciolo, sept ans auparavant.

18 — Couvre-lit composé de carrés de toile brodés au point coupé et de carrés à rosaces brodés en reprise sur filet ; il est bordé d'une dent de guipure. Italie. XVIe siècle.

19 — Deux belles pièces : une large bande et une bande à dents pointues, d'un dessin sévère, au point coupé, à grands ajours et au point noué. XVIe siècle.

20 — Six spécimens : bordures et morceaux de lacis, broderie sur filet, point de reprise et point coupé. XVIe siècle.

21 — Beau coussin au point coupé, à décor de carrés ajourés, en toile épargnée, reliés par un réseau de quadrillés à rosaces et croisettes. Italie. XVIe siècle. Parfait état de conservation.

22 — Couvre-lit composé de carrés de toile et de carrés de filets brodés en reprise. Italie. XVIe siècle.

23 — Plusieurs bandes à dessins brodés sur filet et sur canevas clair.

24 — Napperon de filet brodé au point de reprise, formé de deux bandeaux à figures d'anges, vases et rinceaux. Italie. XVIe siècle.

25 — Quatre spécimens de broderies sur filet. Italie. XVe et XVIe siècles.

26 — Carrés d'échantillons à figures et animaux brodés en reprise sur filet. Italie. xvie siècle.

27 — Filet brodé, représentant le Christ en croix, en des encadrements à inscriptions et divers animaux héraldiques.

28 — Couvre-lit de filet brodé en reprise.

29 — Beau bandeau de filet italien brodé en reprise à figures, chimères et ornements, d'après Vinciolo. Fin du xvie siècle.

30 — Deux bandes de même travail à dessin d'animaux et de vases.

31 — Bande composée de carrés de toile ornés d'étoiles brodées en fils orangés et de carrés en guipure.

32 — Trois bandes en broderies de soies de couleurs sur toile, à dessin de figures de chasseur, et d'animaux en réserve. xvie siècle.

33 — Deux bandes de filet brodé. Époque Louis XIII.

34 — Trois bandes, filet brodé. Fin du xvie siècle.

35 — Petit tapis de toile brodée et piquée, à dessin Louis XIII, en relief.

*

36 — Dessus de coussin, composé de compartiments de toile brodée à point coupé et de parties de filet brodé en reprise. XVIIe siècle.

37 — Fragment de nappe en filet brodé en reprise, à inscription, et daté 1663.

38 — Quatre pièces : deux bandes en toile à fils blancs et jaunes, tirés, Italie, XVe siècle (?) ; un carré analogue, au point coupé, et une bande de broderie sur toile ; modèle de dessins variés, de points coupés, de lettres de l'alphabet et de broderies en soies de couleurs avec la date 1672.

39 — Lot de passements métalliques dorés et de bandes en broderie de couleurs et fils d'or et d'argent sur filet. Époque Louis XIII.

40 — Manches et garniture de corsage, en broderie sur toile à dessin Louis XV.

POINTS DE VENISE, D'ESPAGNE, ETC.

GUIPURES

41 — Collerette en éventail, en guipure à zones superposées de rosaces et d'ornements à grands ajours et bordée d'une dent en festons, commencement du XVIe siècle ; un petit carré et une bande de même guipure.

42 — Grand col ou pèlerine de très beau point de Venise du XVIe siècle, à reliefs, d'une curieuse ornementation consistant en personnages, animaux chimériques, oiseaux, vases de fleurs, etc., reliés par de longues brides ; cette pièce est bordée d'une large dent de guipure plate. Une longue bande étroite de même point, à personnages et festons de fleurs sur fond de brides à picots.

43 — Six pièces de très belle guipure de Venise du XVIe siècle, à fleurs et rosaces en relief sur fond de brides à picots; garniture de corsage, en deux pièces, offrant, au milieu du dessin, des figures et des oiseaux; deux bandes et deux manchettes.

44 — Cinq petites pièces, point à reliefs sur fond à réseau de mailles hexagones. Fin du XVIe siècle.

45 — Beau col en guipure de Venise du XVIe siècle, à quartefeuilles et à bords dentelés et plusieurs bandes de guipures analogues.

46 — Fort lot de bandes à dents en guipure d'Italie, aux petits fuseaux. XVIe siècle.

47 — Quatre pièces de guipure, du travail le plus précieux dit au point d'ivoire, à rinceaux et petites rosaces en relief, ressortant sur une maille treillissée, liée par des boucles : un carré ou dessus de pelote et trois bandes à bords dentelés. Magnifiques spécimens du point de Venise au XVIe siècle.

48 — Cinq pièces de belles guipures du XVIe siècle, à figures, animaux, oiseaux, festons, etc. : quatre bandes à dents et un entredeux.

49 — Cinq pièces : deux belles bandes en guipure de Venise de la Renaissance et trois pièces de même époque à dessin compact d'un point d'une remarquable finesse.

50 — Curieuse bande à dents, contenant des figures ; autre bande à rinceaux et quatre spécimens de dentelures de guipure italienne du XVIe siècle.

51 — Six pièces : bandes à dents, etc.; point d'Espagne. Fin du XVIe siècle.

52 — Très beau spécimen, encadré et sous verre, de guipure au gros point de Venise, à forts reliefs.

53 — Six bandes à dents de guipures plates. Venise. Fin du XVIe siècle.

54 — Trois bandes à larges dents, de guipure italienne, à dessin de vases de fleurs et ornements variés. XVIe siècle.

55 — Environ vingt spécimens de bandes dentelées de guipure d'Italie, du XVIe siècle.

56 — Belle bande dentelée pour collerette, à dessin de mascarons, au milieu d'une gerbe de rinceaux fleuris, et une

bande festonnée moins large, à rosaces de triangles; point d'Espagne. Fin du XVIe siècle.

57 — Beaux spécimens de guipure plate d'Italie : 1° curieuse bande portant, entre deux festons de fleurs, l'inscription : ABBATE D. GIO. BAT. TACIATINO; 2° une bande montrant la Sainte Trinité entre deux grands rinceaux symétriques; 3° un rabat à dessin de branchages enroulés; 4° différentes bandes dentelées. XVIe et XVIIe siècles.

58 — Très curieux ornement de vêtement sacerdotal en belle guipure à figure : Saint Georges vainqueur du dragon, et dix bandes variées de guipures de Venise plates et à reliefs du XVIe et du commencement du XVIIe siècle.

59 — Quatre belles pièces de guipure plate et rembourrée, à personnages, vases, oiseaux, rosaces. Curieux spécimens du XVIe siècle.

60 — Coussin de belle guipure d'Italie, à grand dessin de fleurs ornementales et bordure à festons. — Vers 1600.

61 — Dix pièces : large bande de guipure plate à grands ajours et plusieurs bandes de grosse guipure à rosaces. XVIe siècle.

62 — Vingt spécimens : bandes, festons et entredeux à fonds de brides et fonds de réseaux variés.

63 — Dix-huit spécimens de point de Venise, à ornements courants en festons fleuris variés de dessins sur fond à brides à picots, trèfles, œillets, rosaces.

64 — Col de guipure de Venise, à forts reliefs. XVIIe siècle.

65 — Col à quadruple rang composés de grappes de points noués, en manière de madrépores, et deux très curieux glands en passementerie de fil, décorés de rosaces et de figurines, ronde bosse, en costumes du XVIe siècle.

66 — Beau col, à la mousquetaire, au point d'Espagne, à bord dentelé, de l'époque Louis XIII, et une sacoche de passementerie composée de rosaces entremêlées de filets d'argent.

67 — Sept pièces de points à reliefs et de guipure plate : écran à main, cordiforme, de guipure plate entremêlée de fils d'argent avec poignée en fer et bronze doré côtelée en spirale ; dessus de pelote carré à rosaces et festons brodés par superposition, un rond à feuillages en dentelle d'argent, un entredeux en fils de couleurs, trois spécimens de belle guipure à fond de brides.

68 — Deux manchettes, trois bandes dentelées et une bordure étroite, en point d'Espagne. Fin du XVIe et commencement du XVIIe siècle.

69 — Seize spécimens de guipures plates italiennes, du XVIIe siècle.

70 — Environ vingt spécimens de guipures plates d'Italie. XVIIe siècle.

71 — Tour de corsage et volant : le premier à dessin de rinceaux fleuris, le second à rinceaux entremêlés de lions et d'oiseaux. Commencement du XVIIe siècle.

72 — Très intéressant bandeau d'autel en guipure plate du XVIIe siècle représentant en trois sujets, au milieu et aux extrémités : 1° Dieu le père, Adam et Ève ; 2° la Tentation ; 3° Adam et Ève chassés du Paradis par l'ange. Ces trois groupes sont reliés par des rinceaux feuillagés, au milieu desquels sont représentés les animaux du paradis.

Coussin de fine guipure Louis XIII, composée de rinceaux fleuris et feuillagés et appliquée sur un fond de soie rose.

73 — Bandes de guipures Louis XIII ; rabats Louis XIV, et petits échantillons.

74 — Dix pièces de dentelles au point de Venise, à dessin Louis XIII, sur réseau de liens à picots.

75 — Bande et plusieurs échantillons de guipure française, sous Louis XIII, à large dessin de branchages et de grosses fleurs.

76 — Quatre pièces : bandes et manchette de guipure Louis XIII.

77 — Large bandeau de guipure Louis XIII, à dessin de rinceaux symétriques sur réseau d'hexagones, et un petit passement aux fuseaux de même époque.

78 — Tapis carré de guipure, dessin Louis XIII, appliquée sur fond de taffetas rose.

79 — Magnifique coussin carré point de Venise à reliefs, d'un travail précieux, offrant, au centre, un saint Louis couronné par deux anges et tenant l'Étendard de la Foi ; tout autour, des rinceaux fleuris et feuillagés et, aux angles, les figures des quatre Évangélistes. Pièce exceptionnelle pour la finesse et la variété des points. XVIIe siècle. D'après la tradition, ce serait le coussin de baptême de Louis XIV.

80 — Sept pièces, guipure espagnole de l'époque Louis XIII : ombrelle d'un riche dessin à rosace centrale ajourée, en un magnifique bouquet de fleurs à pétales superposées, fond à bride picotée, et six bandes ou entredeux variés de dessin.

81 — Trois belles bandes de guipure Louis XIII, à dessin de grosses fleurs en forts reliefs bordés de picots et de bouclettes ; une magnifique bande haute et longue, sans fond ; un entredeux étroit d'un point analogue et une bande à fond de brides à picots.

82 — Quatre pièces : volants, guipure à reliefs du XVIe siècle et guipure plate Louis XIII, à dessin de rinceaux fleuris reliés par des brides à picots.

83 — Guipures à forts reliefs, à dessins de fleurs et de rinceaux : col à rabats; large bande à fond de brides; deux bandes sur réseau carré, plus une applique en broderie sur toile : Anges adorant le Saint-Sacrement. Époque Louis XIII.

84 — Cinq pièces de belles guipures du commencement du XVIIe siècle, au point de Venise, à dessins variés de rinceaux fleuris; tour de corsage à fond de brides en petites rosaces et quatre bandes ou entredeux à brides picotées.

85 — Deux beaux cols et une bande du XVIIe siècle, en point de Venise, à reliefs, à dessin de fleurs et de rinceaux sur réseau de brides à picots. Deux parchemins, l'un avec le premier fil du tracé, l'autre avec la maille à picots commencée.

86 — Volant en guipure plate Louis XIV, point de Venise, — petite bande analogue, — une engageante et plusieurs échantillons.

87 — Tapis de soie verte, décoré d'entredeux et d'une bordure dentelée en guipure de Gênes, à treillis et entrelacs (point d'esprit, genre primitif).

88 — Petit tapis à bord dentelé, formé d'un papier vélin découpé d'une extrême finesse d'ornementation et appliqué sur fond de soie jaunâtre.

*

89 — Coussin, de style Louis XIII, en toile à point coupé et à dessin circonscrit par un fil métallique débordant en bouclettes.

ALENÇON, ARGENTAN

90 — Sept pièces : curieux spécimens des passements mélangés d'or, dont parle Clément Marot dans ses *Odes à la Reine de Navarre*, et qui passent pour avoir été exécutés par Marguerite de Valois, duchesse d'Alençon, et ses femmes, pour les ornements de l'église Saint-Léonard, paroisse du château d'Alençon, habitation des ducs, transformée aujourd'hui en maison d'arrêt.

Elles proviennent du cabinet du Dr Léger, à Alençon, qui les avait trouvées dans l'église Saint-Léonard.

91 — Cinq pièces : col, bande, petits carrés et ornement d'église, attribuées à la première période de la fabrication d'Alençon, alors qu'on ne faisait encore que l'imitation du point de Venise. Fleurs sur réseau de brides à picots, dit bride épinglée.

92 — Bas d'une aube et deux manchettes d'Alençon, époque Louis XIV, à vase de fleurs, rinceaux et feston d'un remarquable dessin, sur réseaux variés, de brides à picots, jours mosaïqués à étoiles, rosaces, etc., plus un fragment de bande.

93 — Huit pièces, Alençon, époque Louis XIV : bandes variées de dessin et un beau rabat à légers reliefs, comme le point de Venise.

94 — Magnifique volant, en deux pièces, d'Argentan, à dessin de fontaines et de bouquets d'arbres en de somptueux encadrements composés de rocailles, de feuilles et de fleurs sur réseaux variés à jours mosaïques, point d'esprit, etc. (Certaines parties ont été réappliquées sur tulle). Pièce exceptionnelle de l'apogée de la fabrication à l'époque Louis XV. — Haut., 50 cent.; long., 2 m. 60 cent.

95 — Trois très belles pièces d'Alençon, apogée de la fabrication, vers 1750 : quille et berthe d'un même dessin à fleurs et festons entrelacés sur réseau rosacé d'une exquise finesse. Une bande d'ornementation analogue et de même époque.

96 — Quatre très belles bandes, à fleurs, festons et encadrements contournés sur fond de mosaïque à jour d'un précieux travail. Apogée de la fabrication.

97 — Sept pièces : bonnet et bandes, d'Alençon, à dessin très élégant de fleurs sur fond de mosaïque en petits hexagones pleins et ajourés, d'une extrême finesse. Apogée de la fabrication vers 1750.

98 — Sept pièces : berthes, quilles et bandes d'un très beau

dessin de fleurs et de feuillages sur fonds de quadrillages, de mosaïques à jours et de réseaux variés.

99 — Six belles pièces d'Argentan : bande d'environ 2 m. 10 cent. à dessin de festons fleuris sur fond de brides tortillées et de brides à picots, deux bandes plus étroites et deux manchettes d'un dessin analogue ; plus un fond de bonnet.

100 — Neuf pièces Alençon : bandes, cols, rabats, variés de dessins.

101 — Six pièces : bandes à bords festonnés, manchettes. Alençon, vers 1750.

102 — Magnifique volant d'environ 2 m. 5 cent. de longueur en point d'Argentan, à dessin plein de rinceaux contournés, de feuilles et de guirlandes reliées par des réseaux variés à brides tortillées, à quadrillages rosacés, à carrelages d'hexagones, etc. Vers 1750.

103 — Toilette d'homme en point d'Alençon du temps de Louis XV : parement de gilet à semé de fleurettes et riche bordure, jabot et deux manchettes.

104 — Huit pièces : cinq bandes, un col et un bonnet d'Alençon, un bonnet d'Angleterre et un bonnet au point de Venise. Milieu du XVIIIe siècle.

105 — Sept pièces, Argentan, époque Louis XV : fond de bonnet, col, bandes et échantillons.

106 — Quatre très belles pièces : trois tours de corsage d'Alençon d'une extrême finesse, variés de dessin, et une quille d'Argentan d'environ 2 m. 60 cent., à fleurettes inscrites dans des festons entrelacés. XVIIIe siècle.

107 — Sept pièces d'Alençon du plus beau dessin : bonnet cauchois, garnitures de corsage, engageantes. Première moitié du XVIIIe siècle.

108 — Douze pièces d'Argentan : bandes et manchettes, dont une très belle bande à dessin de gerbes alternant avec des bouquets en des encadrements de rosaces et de mosaïques. Commencement du XVIIIe siècle.

109 — Sept pièces d'Alençon Louis XV : longue bande à dessin de chiens et de cerfs courant entre des festons fleuris ; bande à bouquets, palmiers et papillons ; fond de bonnet et deux barbes à bouquets ; deux bandes à dessin de feuillages.

110 — Neuf pièces d'Alençon Louis XV : fonds de bonnets, manches et bandes, à festons de fleurs sur réseau à mailles hexagones.

111 — Cinq pièces : col, bonnet, bandes d'Alençon et petit tapis d'autel en soie rouge enrichi de broderies et de

paillettes métalliques, et d'une dentelle d'Alençon. Sur la doublure du tapis on lit : « *Inventé et brodée de tous point ainsi que la dentelle qui est un point d'Alençon faite et offert à notre dame Daubenton, le 11 mai 1774, par Jean-Marie Legrand, née en cette paroisse le 12 décembre 1741.* »

112 — Cinq pièces, Alençon, vers 1775, avec rivières en bordure, festonnées et picotées, sur réseau mélangé de points en rosaces.

113 — Carte de bandes et de spécimens d'Alençon, bandes, col, barbes, de l'époque Louis XV.

114 — Sept pièces de beaux points d'Alençon et d'Argentan, col, manchettes, longues bandes à festons en bordure, bouquets et fleurettes jetées, à fonds de réseau fin. Vers 1775.

115 — Dix pièces Argentan, à dessin de festons, de bouquets. Époque Louis XV.

116 — Onze pièces d'Alençon, bonnets, bandes à festons et fleurettes semées sur réseau. Époques Louis XV et Louis XVI.

117 — Huit pièces, Alençon, Louis XV : manches, col, manchettes, bande à pentes et festons de fleurs entremêlés de rubans ondulés, etc.

118 — Quille et deux bandes, Alençon, Louis XV, à bouquets, rubans, ondes.

119 — Tour de corsage, d'un dessin élégant, sur réseau à brides picotées. Époque Louis XV.

120 — Fragment d'un tour de corsage, à festons fleuris et jolie bordure. Argentan. Louis XV.

121 — Quatorze bandes, Alençon, à réseau fin, festons, fleurettes et pois jetés, parmi lesquelles une belle bande mesurant 1 mètre.

122 — Deux beaux rabats d'Alençon, Louis XV, d'un gracieux dessin à fleurs sur réseau fin et bandes ondulées à fond échiqueté et ajouré ; plus une petite bande au point de Burano.

123 — Carte composée de douze spécimens de points d'Alençon de la seconde moitié du XVIIIe siècle, dont trois, inachevés, sont encore montés sur le parchemin doublé de la toile.

124 — Huit pièces, Alençon, Louis XVI : belle bande à semé de fleurettes et de pois avec festons en bordure, bandes, fragments, voilette, etc., de même époque.

125 — Huit coupes de bandes, Alençon, Louis XVI, à festons de bordures et semé de fleurettes et de pois.

126 — Deux bandes, l'une en Argentan, l'autre en point de Venise, à reliefs.

127 — Cinq pièces Alençon, Louis XVI : pointe et longue bande à semé de fleurettes entre des raies ondulées ; bandes à fleurettes jetées. Échantillons.

128 — Deux tableaux renfermant des modèles à l'aiguille d'animaux courants, chiens, cerfs, sangliers ; des cavaliers ; des sonneurs de trompes, et portant l'inscription : *Vive la Chasse.*

129 — Trois bandes d'Alençon à festons et fleurettes jetées ; une grande quille de dessin Louis XVI en application de toile et broderie sur filet ; une bande montrant le tracé du dessin, bâti sur parchemin.

130 — Quatre pièces Argentan, XIXe siècle : garniture et deux manches de vêtement sacerdotal, à figures et festons sur réseau de losanges à picots, exécutées à l'occasion de la naissance du roi de Rome, un bonnet de point à l'aiguille doublé de satin.

131 — Plusieurs bandes étroites en Alençon, un fragment point de Venise, et quelques écheveaux de fil à dentelle.

132 — Carte de divers échantillons, montrant différents points d'Alençon.

BURANO

133 — Deux magnifiques rabats point de Burano de l'époque Louis XIV d'une merveilleuse finesse, à dessin de grandes feuilles dentelées sur réseau serré comme de la gaze avec parties mosaïquées. Ces deux pièces passent pour avoir appartenu à Mazarin.

134 — Tour de corsage, gros point de Burano, à dessin de figures et de trèfles avec bordure ; deux oiseaux et un Saint-Sacrement en point d'Alençon et trois patrons de dentelle.

135 — Deux jolies bandes en point de Burano ; l'une représentant une dame tenant un bouquet et l'Amour embusqué sous un petit temple, sujet plusieurs fois reproduit ; l'autre chargée d'entrelacements de festons et de bandes ondulées ; plus une petite bande en point d'Argentan.

136 — Jolie berthe en cinq bandes et manchettes, à dessin Louis XV. Burano.

137 — Quatre bandes Burano, à festons de fleurs.

138 — Deux pièces Burano et deux petits spécimens de Malines.

139 — Trois jolies bandes à fleurs sur réseaux variées. Burano.

ANGLETERRE

140 — Quatre très belles pièces au point d'Angleterre, à dessin Louis XIII de fleurs sur réseau fin et varié avec parties de brides à bouclettes : deux berthes et deux barbes.

141 — Quatre très jolies pièces au point d'Angleterre, à réseau fin mélangé de brides à picots : bande à figures de femmes, vases de fleurs et chiens poursuivant un cerf ; autre bande à kiosques chinois, papillons, bouquets d'arbres ; un grand rabat à tiges fleuries ; un bonnet à fleurs, rocailles, cerf et chiens.

142 — Beau voile ou coussin d'église au point d'Angleterre, représentant saint Dominique en de riches encadrements de feuillages et de fleurs, avec bordure festonnée. Daté 1767.

143 — Quatre pièces, Angleterre, Bruxelles, Malines : un bonnet et trois bandes.

144 — Angleterre. Jolie barbe à fleurs et feuillages sur réseau mosaïque ; bande à fleurs et emblèmes de l'amour ; autre à décor de fontaines et d'oiseaux ; fond de bonnet et plusieurs spécimens.

145 — Deux pièces au point d'Angleterre, à dessin de vases,

d'arbres, de fleurs, de maisons avec fond en pluie de feuilles ovales, réunies par des brides à picots. Curieux dessin.

146 — Très jolies bandes Angleterre, à fleurs sur réseau fin entremêlé de brides à picots ; dessin Louis XV.

147 — Col et deux barbes au point d'Angleterre, sur réseau serré, avec parties de brides carrées à picots ; plus un fragment de guipure.

148 — Cinq pièces : guipure à réseau et point d'Angleterre, un beau tour de corsage, à fleurs sur réseau d'entrelacs et de brides épinglées, un fond de bonnet et deux échantillons.

149 — Trois pièces : fond de bonnet et col au point d'Angleterre à fleurs sur réseau fin, mélangé de brides à picots ; une bande Malines.

150 — Quatre pièces, Angleterre, beau volant d'environ 2 m. 10 cent., une barbe et deux bandes.

151 — Deux très belles pièces en point d'Angleterre, couvre-lit et taie d'oreiller, d'un charmant dessin consistant en couronnes de roses, festons de fleurs entremêlés de rubans ondulés et rangée de fleurs en bordure. Ces deux pièces auraient appartenu à l'impératrice Joséphine.

152 — Corsage de la robe de mariage de l'impératrice Marie-Louise, en point d'Angleterre à cordons de laurier et semé d'abeilles en broderie d'or.

MALINES, BRUXELLES, ETC.

153 — Beau volant de 2 m. 40 cent. de long, point de Malines et guipure, offrant des médaillons circulaires où sont représentés des scènes de l'antiquité, des sujets bibliques, etc. Les médaillons alternent avec des rinceaux fleuris et sont encadrés d'un treillis bouclé formant bordure. En bas, une bordure de fleurons inscrits dans des cercles engagés les uns dans les autres. Sur la même carte, un dessin de pelote ovale en guipure et une bande de Bruxelles.

154 — Trois magnifiques pièces de Malines : un bonnet et deux barbes à sujets mythologiques, Orphée jouant de la lyre, l'Enlèvement d'Europe, groupe d'amours, etc., en de riches encadrements Louis XV.

155 — Voile en point de Bruxelles, offert à Marie-Thérèse d'Autriche, impératrice et reine, par la ville de Bruxelles ; un médaillon circulaire au centre, et quatre compartiments rectangulaires, disposés en croix, contiennent les armoiries de l'empire, les blasons d'alliance, les emblèmes de la royauté et diverses inscriptions.

156 — Neuf pièces : une très belle barbe d'Angleterre à fleurs sur fond d'une incomparable finesse ; deux barbes Malines à dessin de vaisseaux, d'aigles et de kiosques en de gracieux encadrements ; deux autres barbes Malines à bouquets, palmettes et culs-de-lampe ; une barbe, même dentelle à grands feuillages ; deux rabats et un devant de corsage en même dentelle.

157 — Quatre bandes : Malines à dessin Louis XIII sur réseau et une belle bande guipure à réseau d'entrelacs Renaissance.

158 — Huit pièces dentelles de Belgique, genre Malines, du XVIIIe siècle, à fonds de neige ; bonnet et bandes dont une à dessin de maisonnettes.

159 — Onze bandes à fleurs et branchages sur réseau d'entrelacs. Malines.

160 — Carte de bandes à dessins Louis XV, fleurs et rinceaux sur réseau fin. Malines.

161 — Neuf pièces : Malines, Lille, etc.

162 — Barbes, manchettes et bandes en dentelle de Malines. à dessin Louis XV.

163 — Neuf bandes et bordures Malines et Bruges. Vers 1750.

164 — Onze pièces : bandes et manchettes Malines et Angleterre.

165 — Barbes et nombreuses bandes étroites de Malines.

166 — Carte de bandes et manches variées de dessin, dont deux jolies pièces à décor d'oiseaux et modes de Malines.

167 — Échantillons de dentelles flamandes, genre Malines.

168 — Échantillons de dentelles de Malines, de Lille, de Paris.

169 — Échantillon Malines.

170 — Deux bandes de guipure flamande, l'une à vases de fleurs, l'autre à feuillages. XVIIe siècle.

171 — Huit pièces : bonnet, barbe, bandes en Malines, et cinq morceaux au point d'Angleterre.

172 — Sept bandes et spécimens, genre Malines, à modes, sur réseau treillissé pareil à celui des Valenciennes.

173 — Six spécimens : bandes, de dessins variés, à vases de fleurs, festons, semés, en point de Bruxelles.

174 — Spécimens de vieilles dentelles de Belgique, genre Binches, genre Malines, etc.; réseaux à bresses plates, points d'esprit, etc.

175 — Col, barbes, bandes, de dentelles flamandes, Binches, etc., etc.

176 — Col et nombreuses bandes de dentelles de Belgique, Binches, genre Valenciennes, etc., réseau rosacé.

177 — Trois pièces : bordure festonnée en Malines; fond de bonnet à dessin Louis XIV; une bande guipure plate, genre Venise.

178 — Neuf pièces : cols, manchettes et bandes; points à l'aiguille et application sur tulle mécanique. Bruxelles.

179 — Six petits échantillons : Malines, passements aux fuseaux, etc.

180 — Vingt petits échantillons de dentelles de Malines.

VALENCIENNES

181 — Quatre bandes de vieille guipure, dite torchon, à dessins primitifs montrant le type qui caractérisera la Valenciennes. Fin du XVIIe siècle.

182 — Six bandes, vieille Valenciennes, à dessin de rosaces fleuries et de rinceaux symétriques. Époque Louis XIII.

183 — Carte, échantillons de Valenciennes et de passements aux fuseaux, à réseau carré.

184 — Quatre bandes, vieille Valenciennes, à vases de fleurs et rinceaux symétriques. Époque Louis XIII.

185 — Vieille Valenciennes et guipures : col, bandes et petits échantillons. XVIIe siècle.

186 — Trois pièces, vieille Valenciennes, réseau fin à cinq trous, fond de bonnet, à vases de fleurs et architecture et deux bandes à festons de feuillages.

187 — Carte de bandes étroites à festons et fleurs détachées.

188 — Carte de dix bandes de Valenciennes. Époques Louis XV et Louis XVI.

189 — Onze bandes, Valenciennes, à fleurs couchées, détachées et à festons.

190 — VALENCIENNES. Neuf bandes, à dessin de branches serpentant du picot vers le pied. Vers 1750.

191 — VALENCIENNES. Six pièces : barbes, garniture et bande, à bouquets et festons. Vers 1750.

192 — Barbes et bandes de Valenciennes à petites branches : fleurettes et pois jetés.

193 — Neuf bandes de Valenciennes, période du Consulat et de l'Empire, parmi lesquelles une belle pièce aux armes de Napoléon Ier, avec figures équestres, trophées d'armes, attributs divers.

POINTS DIVERS

PARIS, LILLE

194 — Quatre jolies pièces de dentelle, de l'époque Louis XIV : tour de corsage à petites figures, vases et rinceaux, deux barbes et un bonnet d'ornementation analogue.

195 — Pèlerine et deux bandes de dentelle aux fuseaux, point de Paris. Louis XV.

196 — Bande à semé de fleurettes, festons et bordure à feuilles ajourées et pois, en point de Paris. Époque Louis XVI.

197 — Échantillons points variés, Lille, Paris, le Havre, etc. Douze pièces.

198 — Vingt échantillons points de Paris, de Lille, etc.

199 — Carte d'échantillons de dentelles d'argent, en partie, du XVIIe siècle.

200 — Trois spécimens de dentelle de soie blanche espagnole et deux petits passements de soies et de fils métalliques.

201 — Bande d'application et trois bonnets, dentelle et broderie.

202 — Onze bandes variées. Imitation.

203 — Cinq bandes ; dentelles de Lille.

204 — Plusieurs cartes de pièces de toilette, fichus, garniture de corsage, manches, etc., en mousseline brodée avec fonds de dentelle à l'aiguille.

205 — Plusieurs cartes de spécimens de dentelles diverses.

206 — Carte de patrons de dentelle et trois échantillons, Alençon, et application.

207 — Lot d'anciennes franges et de passementeries.

208 — Environ 40 douzaines de rosaces en cuir gaufré et doré.

PATRONS DE DENTELLES

209 — Collection nombreuse et fort intéressante de dessins de dentelles, patrons imprimés et piqués, parchemins piqués et avec les dentelles en cours d'exécution, montrant les différentes phases du travail. (Nombreux spécimens d'Alençon.) Cette suite comprend une infinité de pièces de diverses époques et principalement des modèles du XVIIIe siècle et du commencement du XIXe ; entre autres, celui du couvre-lit commandé par Napoléon Ier, à l'occasion de son mariage avec Joséphine, en 1796, et qui commencé avec la lettre J, placée sous la couronne, dut être modifié et fut achevé pour Marie-Louise. Ce patron, grandeur d'exécution, est accompagné d'un fragment de dentelle montrant la couronne, deux lis et des abeilles.

www.ingramcontent.com/pod-product-compliance
Ingram Content Group UK Ltd.
Pitfield, Milton Keynes, MK11 3LW, UK
UKHW021527260726
13993UKWH00004B/1873